집중력, 관찰력,
문제 해결력까지
한 번에 OK!

브레인 UP

미로 찾기

게임 찾

HR기획 글

 효리원
hyoreewon.com

멘붕에 빠진 무지개

무지개가 토마토 친구들을 만나러 간대요. 어느 길로 가야 무사히 도착할 수 있을까요?

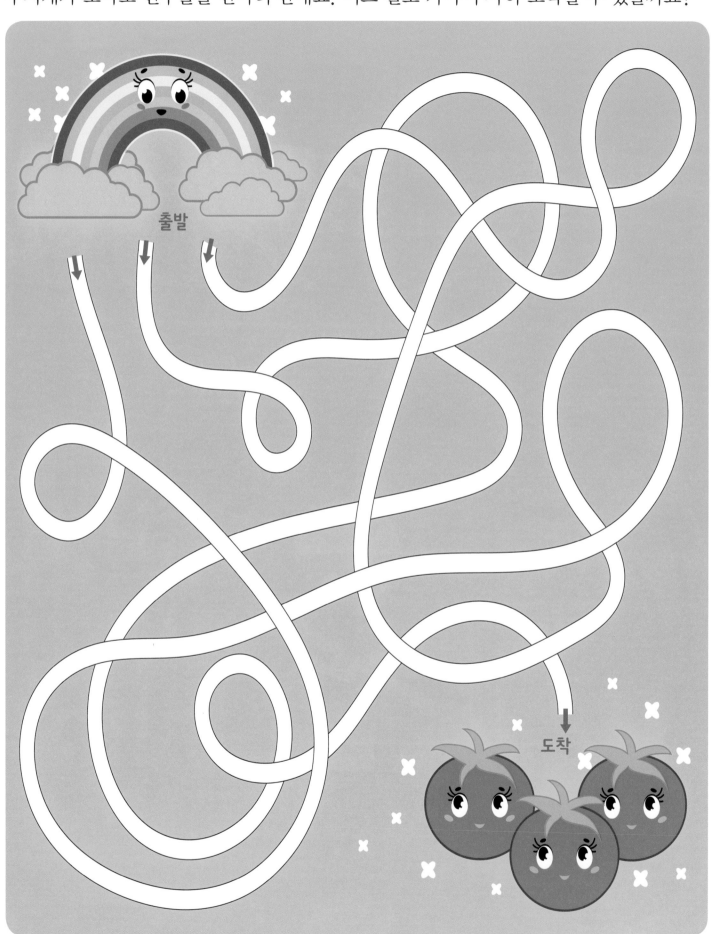

달콤한 꿀

부지런한 꿀벌이 꿀을 따러 간대요. 예쁜 꽃에 도착할 수 있도록 길을 찾아 주세요.

출발

도착

맛있는 간식 1

토끼들이 맛있는 간식을 먹을 수 있도록 각각의 길을 찾아 주세요. 출발~!

맛있는 간식 2

숲속 동물 친구들이 맛있는 간식을 먹을 수 있도록 각각의 길을 찾아 주세요.

지구로 출발~!

출발

머나먼 우주에서 돌아오는 우주인이 무사히 지구에 도착할 수 있게 길을 찾아 주세요.

도착

공동묘지 탈출

으스스한 공동묘지를 지나 노란 집에 가려고 해요. 어느 길로 가야 할까요?

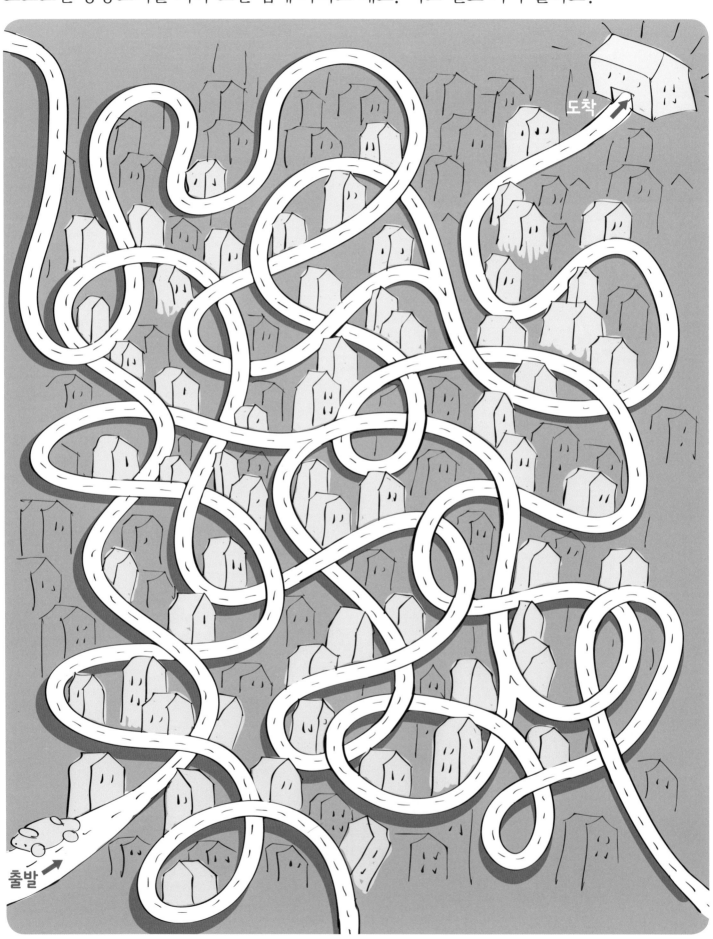

도착

출발

사원을 향해

한 이슬람 가족이 사원으로 예배를 보러 간대요. 빠른 길을 찾아 안내해 주세요.

지붕 탈출 1

사다리와 계단을 이용해서 지붕을 탈출해 보세요. 어느 길로 가야 내려올 수 있을까요?

출발

도착

지붕 **탈출** 2

사다리와 계단을 이용해서 지붕을 올라갔다 내려와 보세요. 지붕 탈출 미로 시작~!

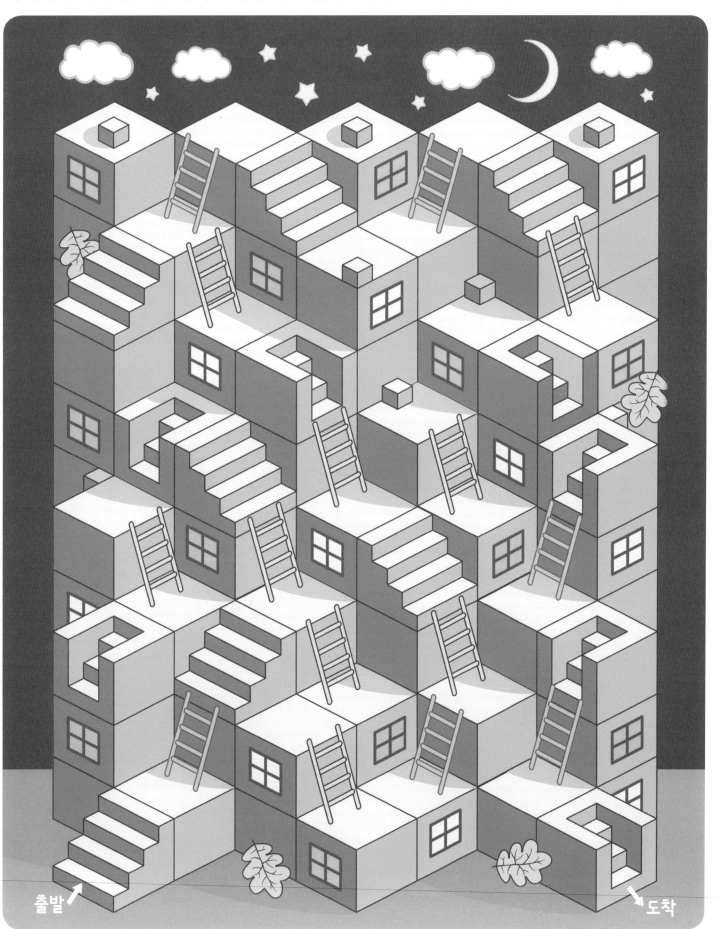

출발

도착

요리조리 미로

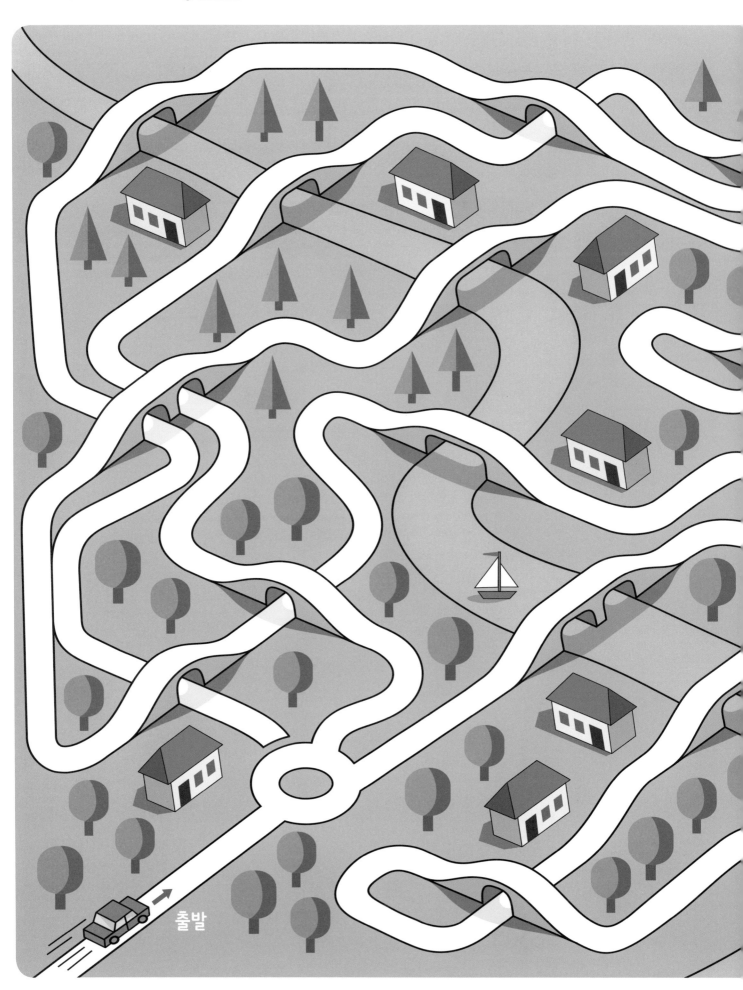

출발

자, 요리조리 미로를 탈출하여 강 건너 언덕에 있는 우리 집에 한번 와 보세요.

도착

외계인의 지구 여행

안드로메다 별에 사는 외계인이 지구로 여행을 떠나려 해요. 함께 미로를 탈출해 보세요.

출발 →

도착

우주인&우주선

우주인이 우주선을 타려고 해요. 과연 어느 길로 가야 우주선을 탈 수 있을까요?

방 탈출 게임 1

요리조리 방을 탈출하여 하트가 있는 방에 도착해 보세요. 준비, 출발~!

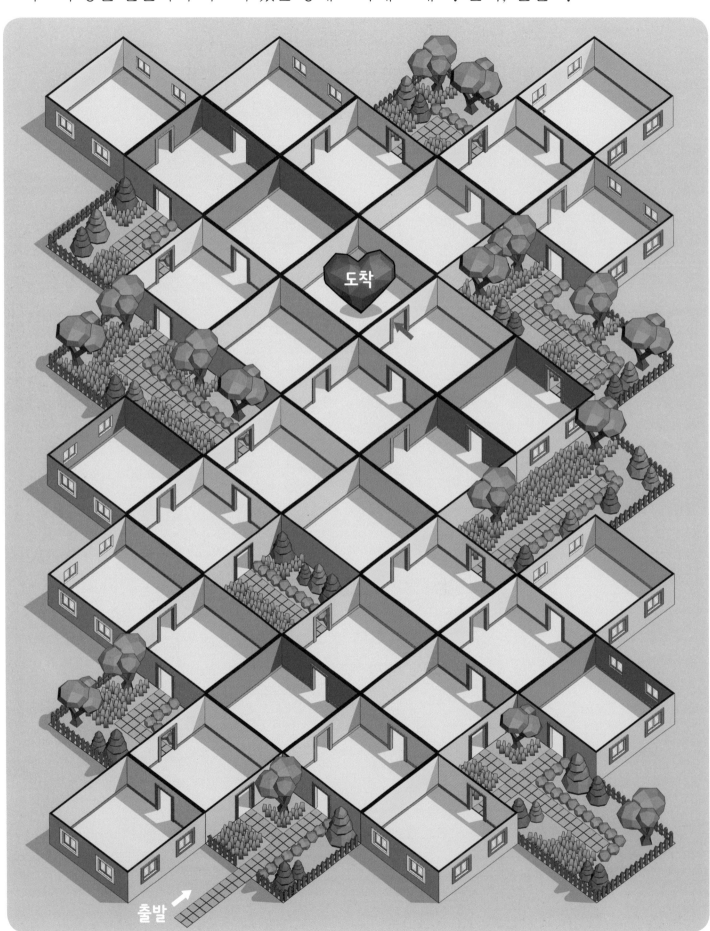

아기 고래~ 파이팅!

아기 고래가 바다 미로를 탈출하여 엄마 고래한테 가려고 해요. 아기 고래야, 힘을 내!

도착

출발

부활절 달걀

출발 →

부활절 달걀을 나누어 준대요. 토돌이는 어느 길로 가야 부활절 달걀을 받을 수 있을까요?

도착 →

둥실둥실~ 열기구

열기구가 깃발이 있는 곳에 낙하하려 해요. 어느 길로 가야 하는지 길을 안내해 주세요.

출발

도착

엄마 새와 아기 새

아기 새가 엄마한테 가려고 해요. 어느 길로 가면 만날 수 있을까요?

출발

도착

노트북은 어디에?

잃어버린 노트북을 찾고 싶어요. 함께 미로를 탈출하여 노트북을 찾아볼까요?

출발

도착

착륙하는 비행기

운행을 마친 비행기가 격납고를 향해 날아오고 있어요. 함께 하늘길을 찾아볼까요?

출발

도착

방 탈출 게임 2

출발 ↗

요리조리 방을 탈출하여 하트가 있는 방에 도착해 보세요. 준비, 출발~!

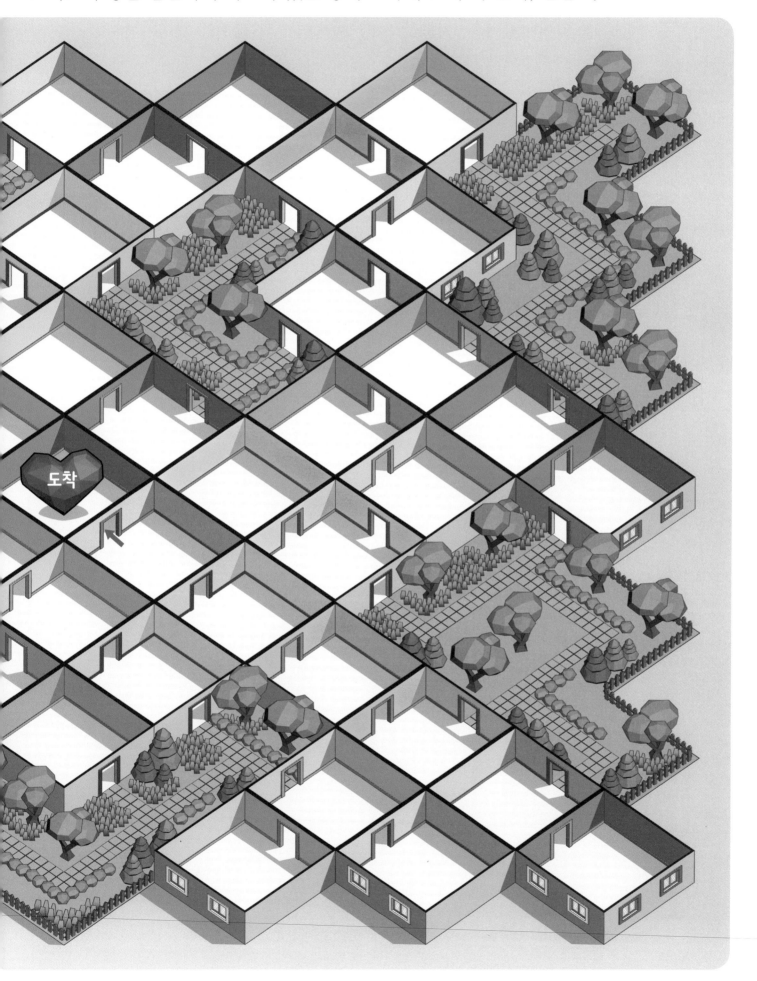

인어 공주와 진주

인어 공주가 진주를 잃어버렸어요. 미로를 지나 인어 공주의 진주를 찾아 주세요.

샤라라 요술봉

유니콘이 요술봉을 잃어버렸어요. 함께 미로를 탈출하여 요술봉을 찾아볼까요?

출발

도착

응애응애~ 내 동생

동생이 배가 고파 울어요. 빨리 미로를 지나 동생에게 젖병을 가져다 주세요.

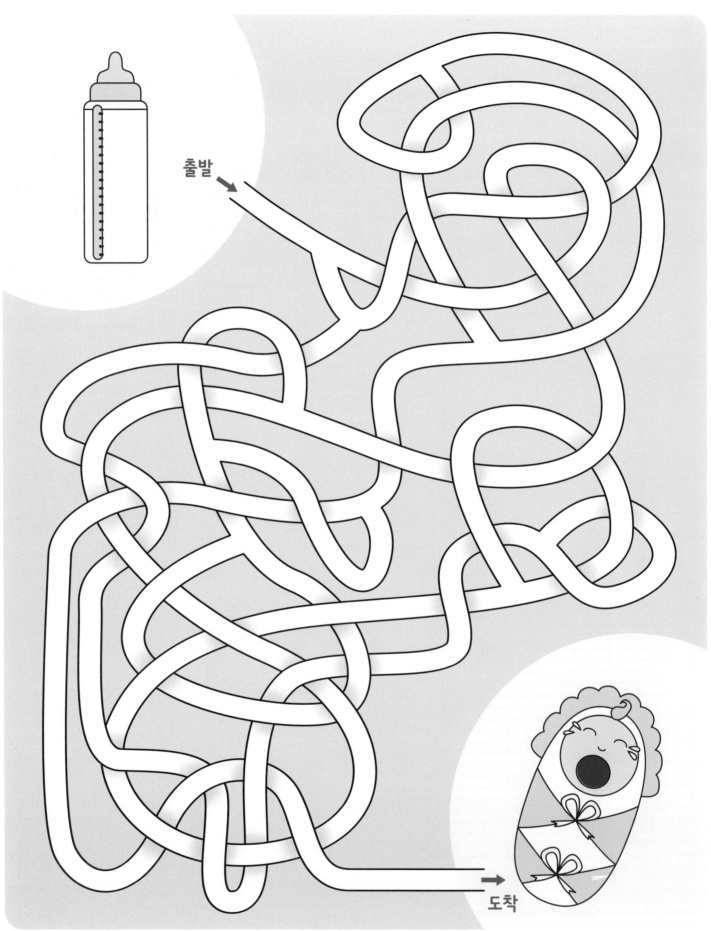

출발

도착

츄르릅~ 아이스크림

달콤하고 시원한 아이스크림을 향해 얼른 미로를 탈출해 볼까요? 출발~!

도착

출발 ➡

보물 상자와 **열쇠**

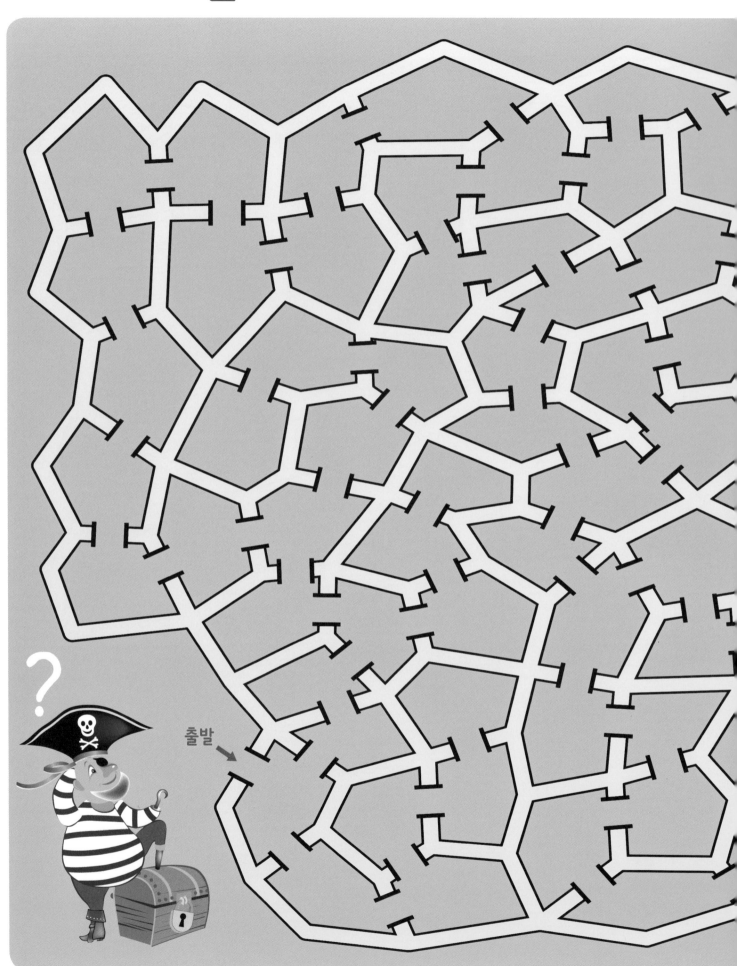

출발

보물 상자의 열쇠만 손에 넣으면 벼락부자가 될 수 있어요. 어서 미로를 탈출해 보세요.

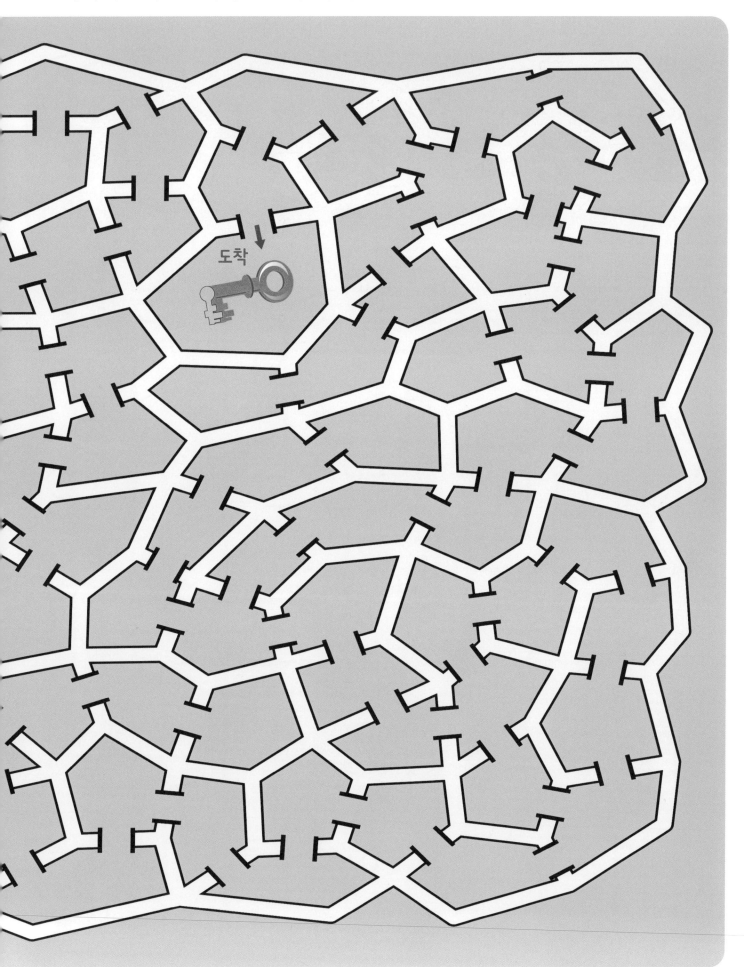

도착

랄랄라~ 생일잔치

흥겨운 생일잔치에 초대를 받았어요. 함께 미로를 탈출하여 생일잔치에 가 볼까요?

탈옥 대작전

50년 동안 숟가락으로 감방 바닥을 판 죄수가 탈옥에 성공했어요. 탈출 길을 한번 볼까요?

아찔한 **암벽 등반**

아찔한 절벽 바위를 오르려 해요. 안전하게 도착할 수 있도록 길을 찾아 주세요.

도착

출발

크리스마스트리

멋진 크리스마스트리예요. 요리조리 막힌 길을 잘 피해 트리 꼭대기의 별에 도착해 보세요.

냠냠~ 간식 시간

동물들마다 좋아하는 과일을 찜해 놓았어요. 미로를 탈출하여 알아볼까요?

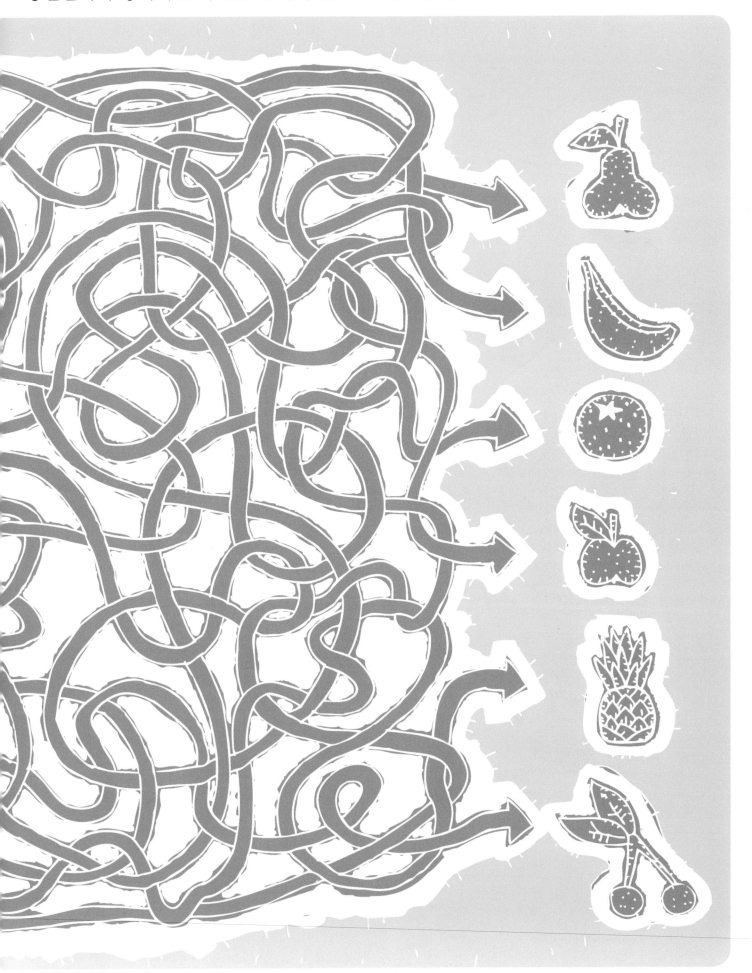

흰동가리의 **외출**

흰동가리가 산호 마을로 놀러 간대요. 어느 길로 가야 도착할 수 있을까요?

꼬마 눈사람

꼬마 눈사람이 마당을 쓸 비를 찾고 있어요. 미끄러운 얼음 미로를 지나 비를 찾아 주세요.

붕붕붕~ 벌집 ₁

꿀벌들이 열심히 벌집을 짓고 있어요. 미로를 탈출하여 맨 꼭대기로 가 볼까요?

붕붕붕~ 벌집 2

꿀벌들이 미로를 탈출했네요? 어떻게 길을 찾았는지 한번 볼까요?

얽히고설킨 문어 다리

어머나, 문어 다리가 얽히고설켰네요. 미로를 빠져나가 다리마다 몇 번인지 말해 볼까요?

지붕 탈출 3

사다리를 이용해서 지붕을 탈출해 보세요. 어느 길로 가야 도착할 수 있을까요?

지붕 **탈출** 4

사다리를 이용해서 지붕을 탈출해 보세요. 지붕 탈출 게임 시작~!

출발 →

도착

블록 미로 OK~!

우아, 블록으로 만든 미로잖아? 문제없어! 정신만 집중하면 길이 다 보이거든!

도착

출발

내 방은 어디? 1

새로 이사한 집이에요. 내 방이 글쎄 미로를 탈출해야 갈 수 있다네요. 제발, 도와주세요!

냠냠 **뼈다귀** 좋아

맛있는 뼈다귀는 과연 몇 번 줄에 달려 있을까요? 자, 슬슬 미로를 출발해 볼까요?

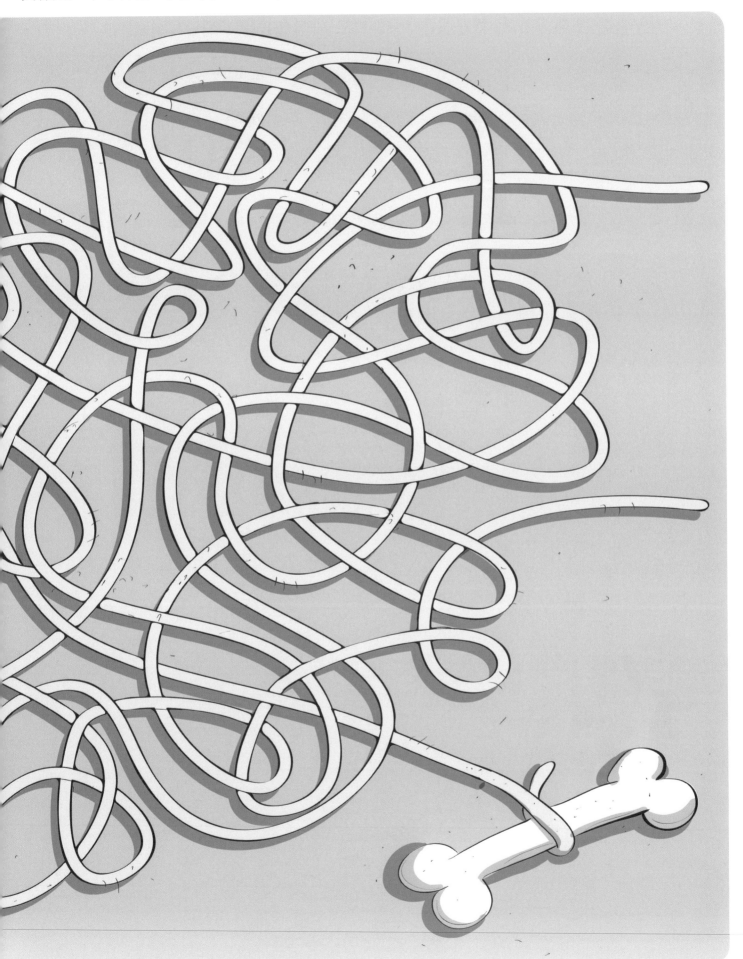

우리 집에 놀러 와

펭귄이 친구들을 초대했어요. 친구들은 어느 길로 가야 도착할 수 있을까요?

크리스마스 선물

아기 펭귄이 크리스마스 선물이 놓여 있는 트리에 가려고 해요. 어느 길로 가야 할까요?

화가 야옹이

야옹이는 달걀에 그림을 그리고 싶어요. 미로를 지나 달걀이 있는 곳으로 가 볼까요?

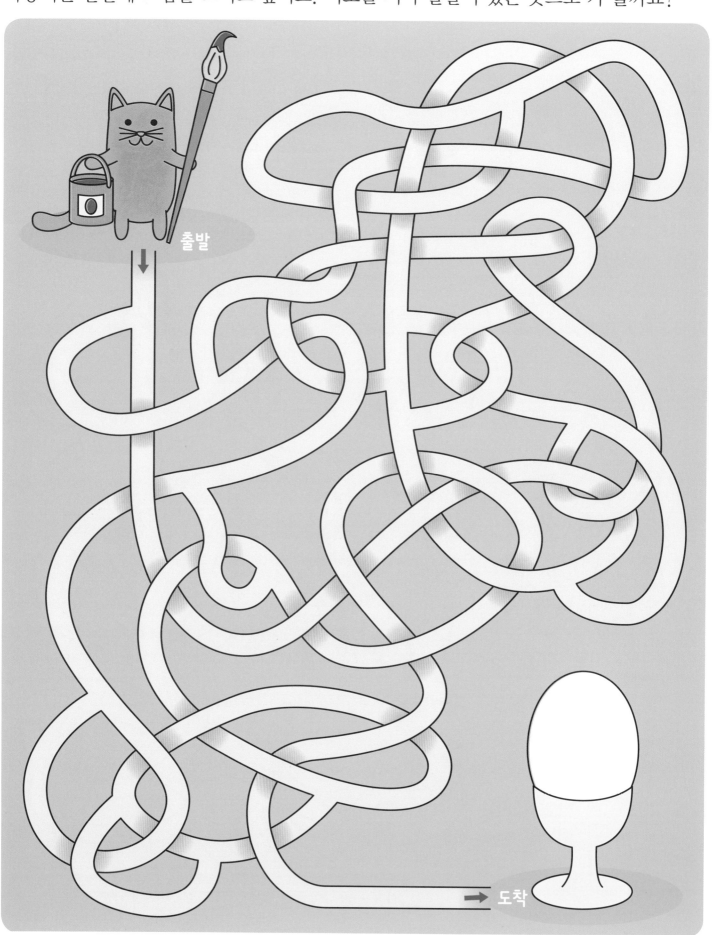

출발

도착

나~ 선인장이야

내가 선인장이라는 거 믿고 있지? 출발부터 도착까지 미로 찾기나 한번 해 보렴!

도착

출발

구불구불 미로 찾기

도착

어린이 여러분, 눈이 뱅뱅 돌지요?
절대 길 잃지 말고 미로를 탈출해 보세요~!

출발

출발

너 대체 어디 있니?

머리는 넷인데 몸은 다섯? 미로를 풀어 한 마리가 어디서 무얼 하는지 알아봐요.

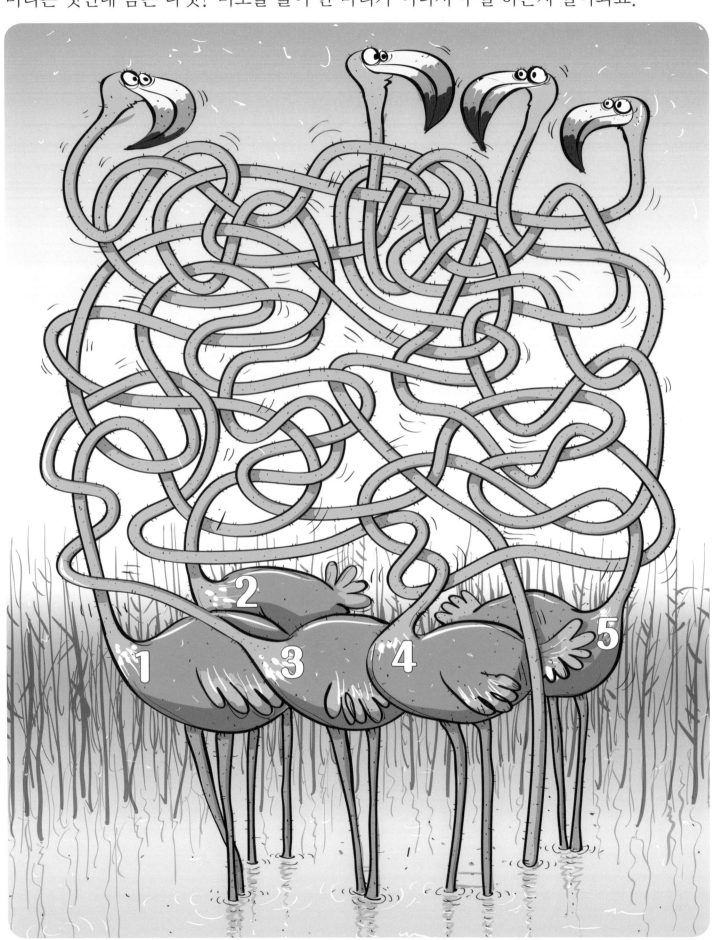

밧줄을 잡아!

잡았다! 바다에 떨어지려는 순간 밧줄을 잡아 살았어요. 과연 어느 줄일까요?

으랏차차 선인장

나는 개성 만점 선인장이시다! 누가 미로 찾기에 도전해 볼래? 덤벼, 덤벼~!

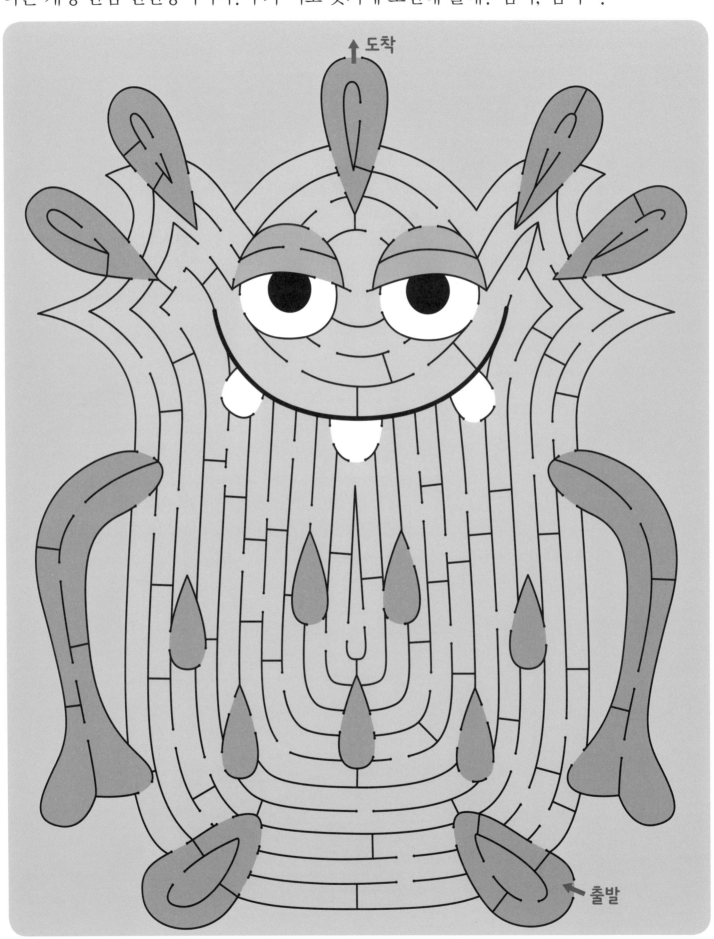

도착

출발

홀홀홀~ 선인장

호호호, 주저하지 말고 시도해. 누가 미로 찾기에 도전해 볼래? 너야, 너?

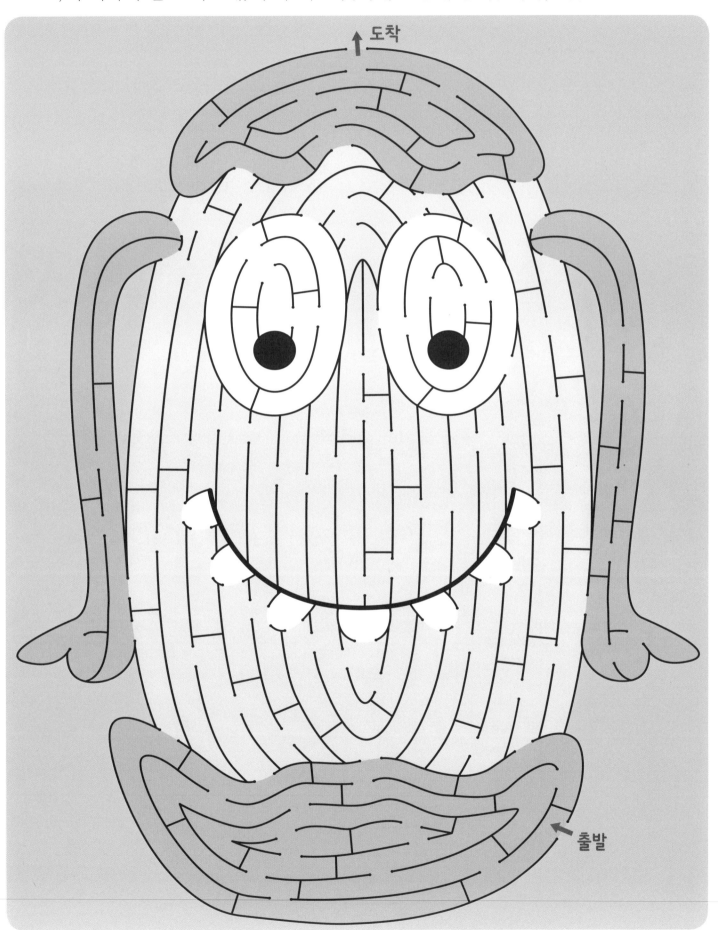

자전거 여행

노란색 집에 도착하면 자전거 여행도 끝이에요. 당장 미로를 출발해 볼까요?

도착

← 출발

젖소들이 **웬일이래?**

어머나, 언덕 위의 집에 가야 하는데 젖소 떼가 방해를 하네요. 길 좀 찾아 주세요.

멍멍~ 길 잃은 누렁이

어느 길로 가야 집에 도착할 수 있을까요? 여러분, 누렁이 좀 도와주세요~!

연꽃 좋아

내가 좋아하는 연꽃이 피었네! 어느 길로 가면 막힘 없이 연꽃에 도착할 수 있을까?

출발

도착

지하 금광 탈출

세 명의 광부가 지하 금광을 탈출하려고 해요. 과연 탈출에 성공하는 사람은 누구일까요?

보물을 찾아서

도착

오호~, 저 아래에 보물이 가득해! 빨리 미로를 탈출해서 손에 넣어 보자! 도와줄 거지?

출발

타조알

엄청 큰 타조알이네? 누가 가져가기 전에 얼른 가서 그림을 그려야지! 미로 출발~!

도착

출발

이번 여행은 어디로?

차로 갈까, 배로 갈까, 비행기로 갈까? 상상만 해도 즐거운 여행길을 따라 가 볼까요?

도착

출발

두근두근 설레임

호호호, 왕눈아, 넌 내 스타일이야~! 거기 꼼짝 말고 있어. 내가 너에게로 갈게. 출발~!

출발

도착

우리 좀 쓸쓸해

빨간 독버섯 형제에게 친구가 필요하대요. 누구든 미로를 지나 독버섯에게 가 주세요.

출발

도착

우리 당장 만나!

출발

친구를 만나러 가려고 해요. 과연 어느 길로 가야 친구를 만날 수 있을까요?

여기야, 여기

택배 상자를 차에 실어야 하는데, 웬 길이 이렇게 많지? 어디 길을 한번 찾아볼까?

이륙 10초 전

서둘러요, 우주선이 곧 이륙하려 해요. 우주인이 빨리 길을 찾을 수 있도록 도와주세요!

도착

출발

토성으로 슈웅~

슈우웅~, 우주선이 무사히 토성에 도착할 수 있도록 우주 미로를 찾아 주세요!

집으로~

외계인이 비행접시를 타고 집으로 돌아가려 해요. 함께 우주 미로를 통과해 볼까요?

도착

출발

블록 미로 도전!

도착

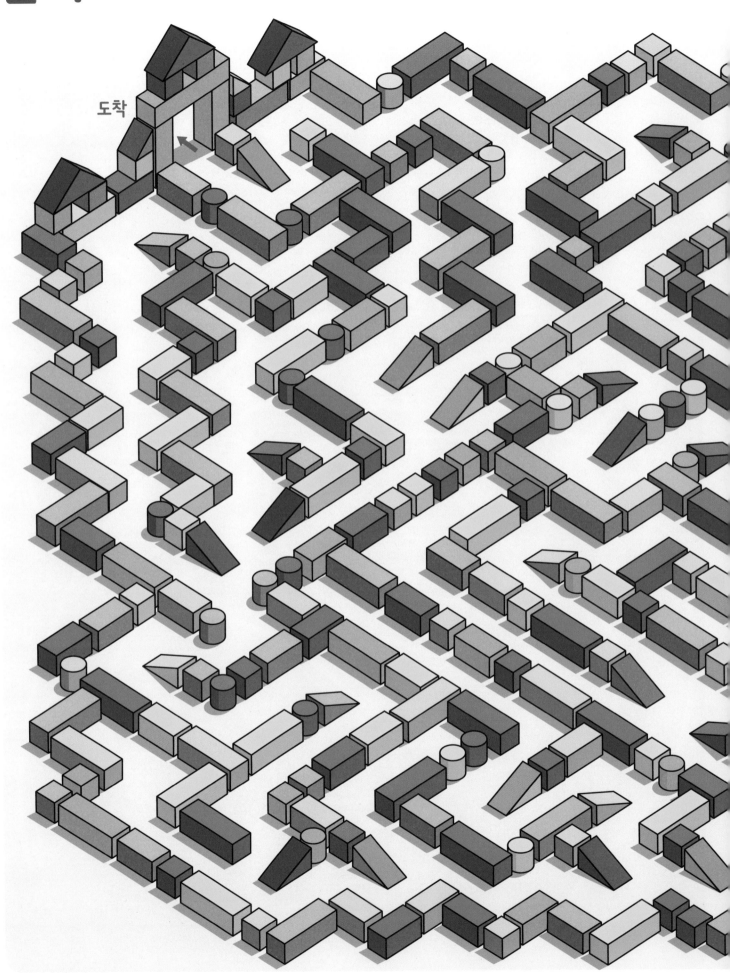

얘들아, 이제 블록 미로도 자신 있지? 이번에도 도전해 봐~! 자, 준비되었지? 출발~!

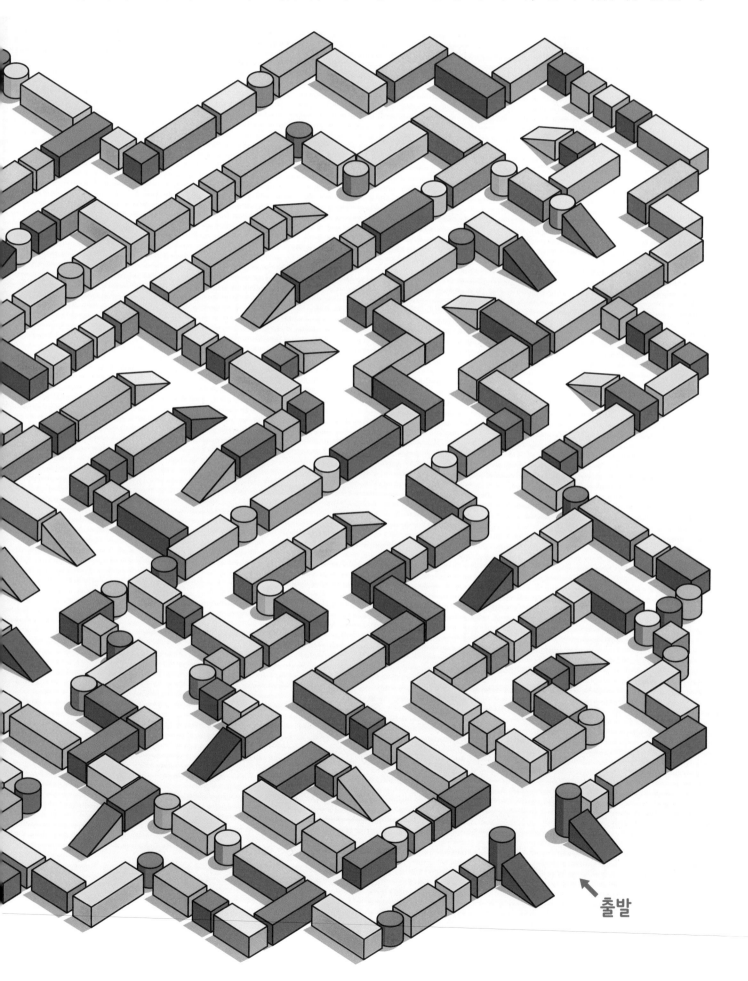

출발

다람쥐의 먹이

나무 꼭대기에 맛있는 잣이 있어요. 다람쥐야, 용기를 가지고 미로를 탈출해 보렴~!

미로 등산!

보라색 깃발이 있는 산 정상까지 가려고 해요. 어느 길로 가야 도착할 수 있을까요?

도착

출발

81

등대를 향해

와, 등대다! 여러분, 무사히 등대에 도착할 수 있도록 바닷길을 알려 주세요!

출발 ➡

도착 ➡

와, 등대다! 여러분, 무사히 등대에 도착할 수 있도록 바닷길을 알려 주세요!

호기심 대장

저기 저 별에는 무엇이 있을까? 호기심 대장과 우주 미로를 지나 새로운 행성에 가 볼까요?

출발

도착

도착

이번에 이사한 집도 미로를 탈출해야 방에 갈 수 있어요. 여러분, 도와주세요!

출발

씽씽 썰매 대회

과연 썰매 대회의 최종 우승자는 누구일까요? 두 선수의 미로를 탈출해 보세요. 출발!

휘리릭 스키 시합

과연 누가 먼저 집에 도착할까요? 두 선수의 미로를 탈출해 보세요. 준비~, 출발!

오잉? 뭐지?

저기 있는 저게 뭐지? 미로를 탈출해서 도착하면 알 수 있겠지? 가 보자. 깡충깡충!

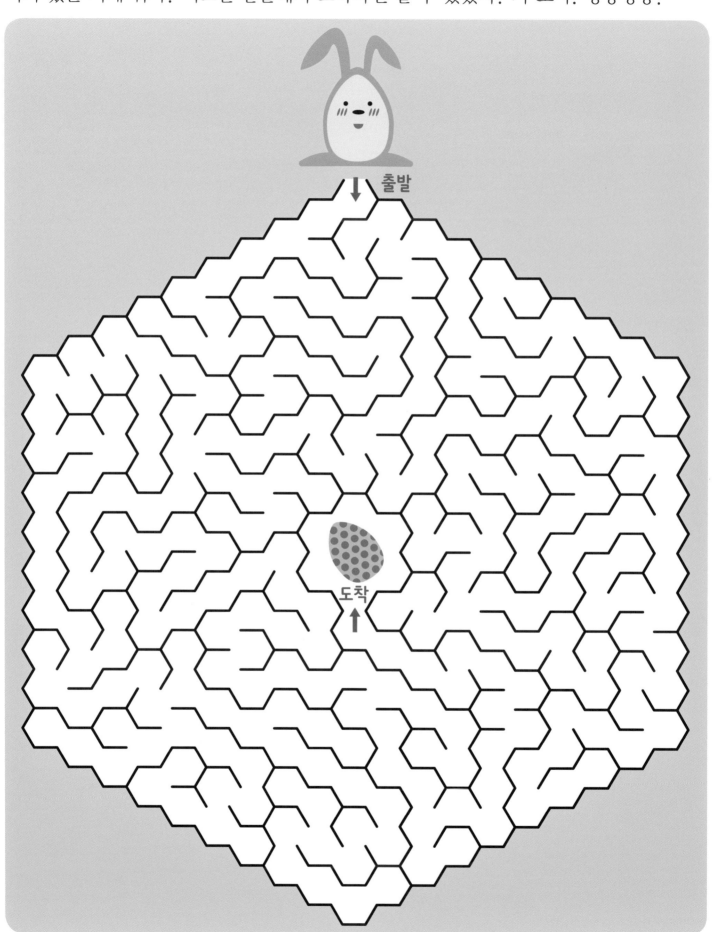

멋쟁이 아저씨

멋쟁이 아저씨가 모자를 잃어버렸대요. 함께 미로를 탈출하여 모자를 찾아볼까요?

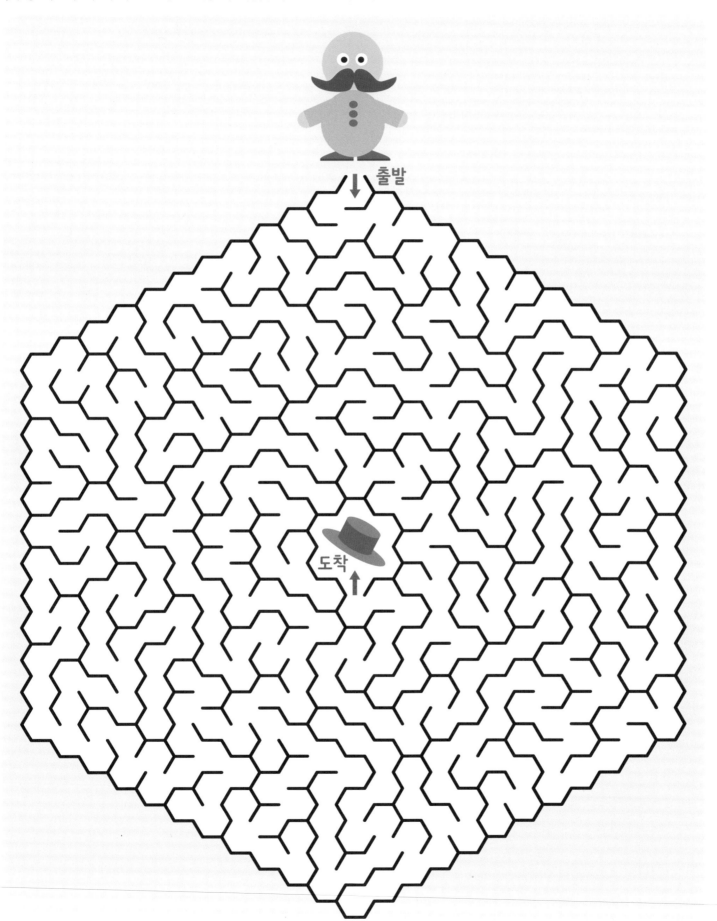

정답

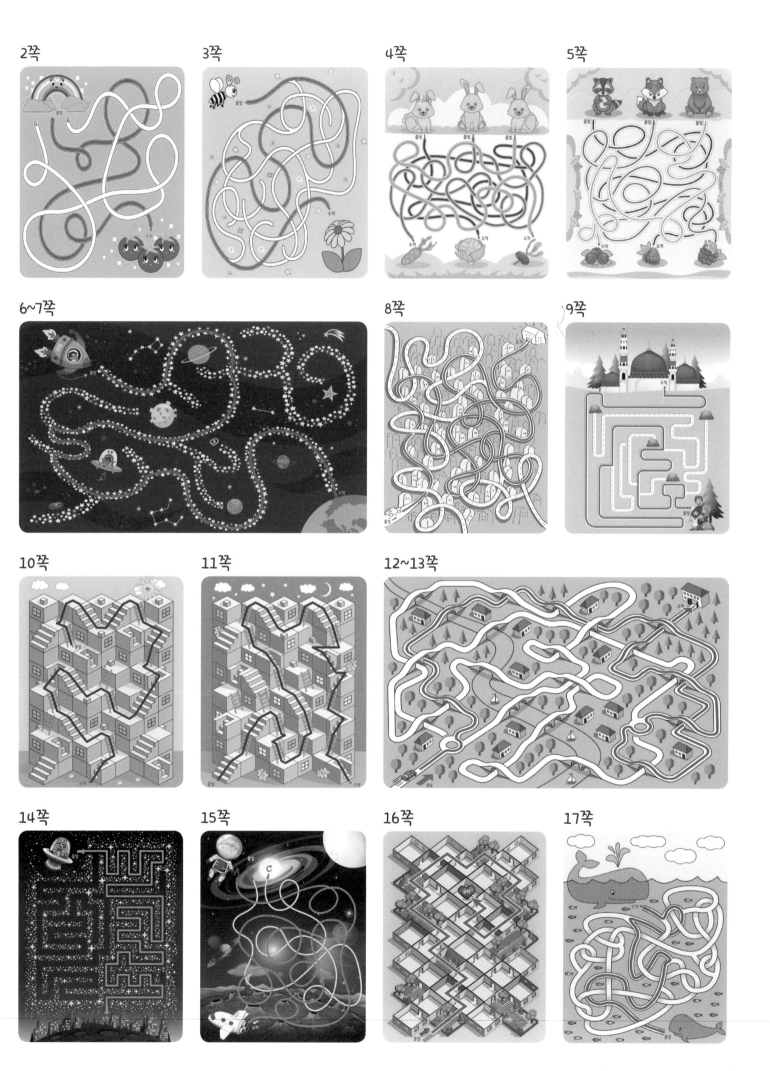

2쪽 3쪽 4쪽 5쪽

6~7쪽 8쪽 9쪽

10쪽 11쪽 12~13쪽

14쪽 15쪽 16쪽 17쪽

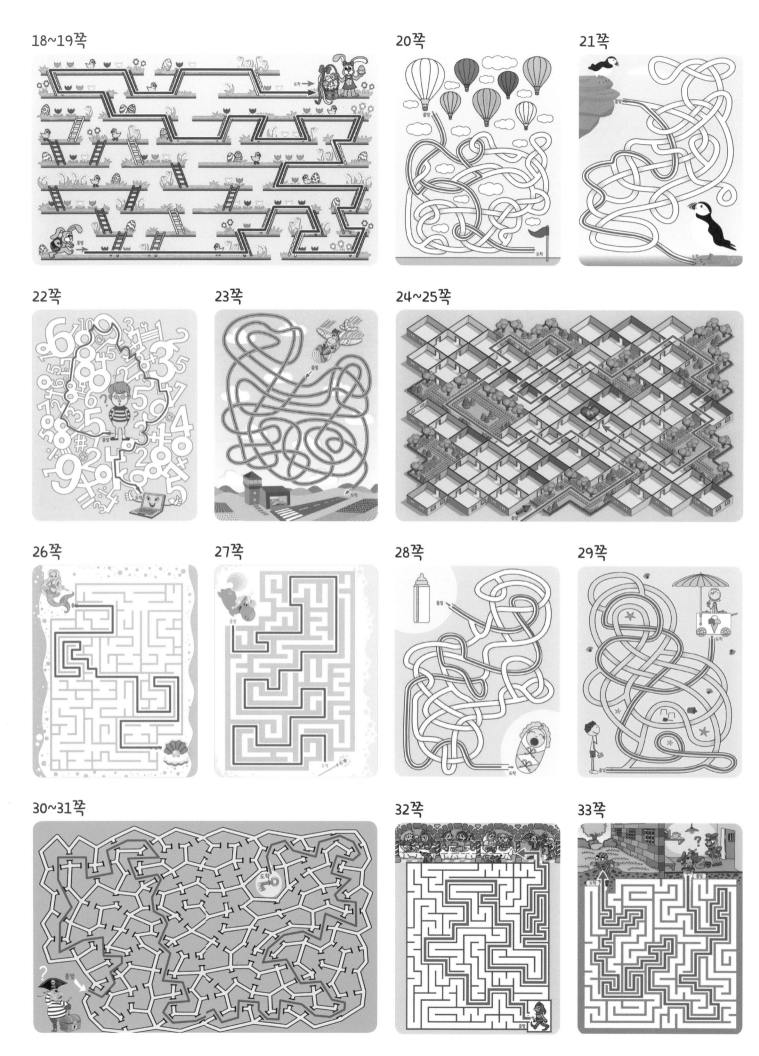

18~19쪽

20쪽

21쪽

22쪽

23쪽

24~25쪽

26쪽

27쪽

28쪽

29쪽

30~31쪽

32쪽

33쪽

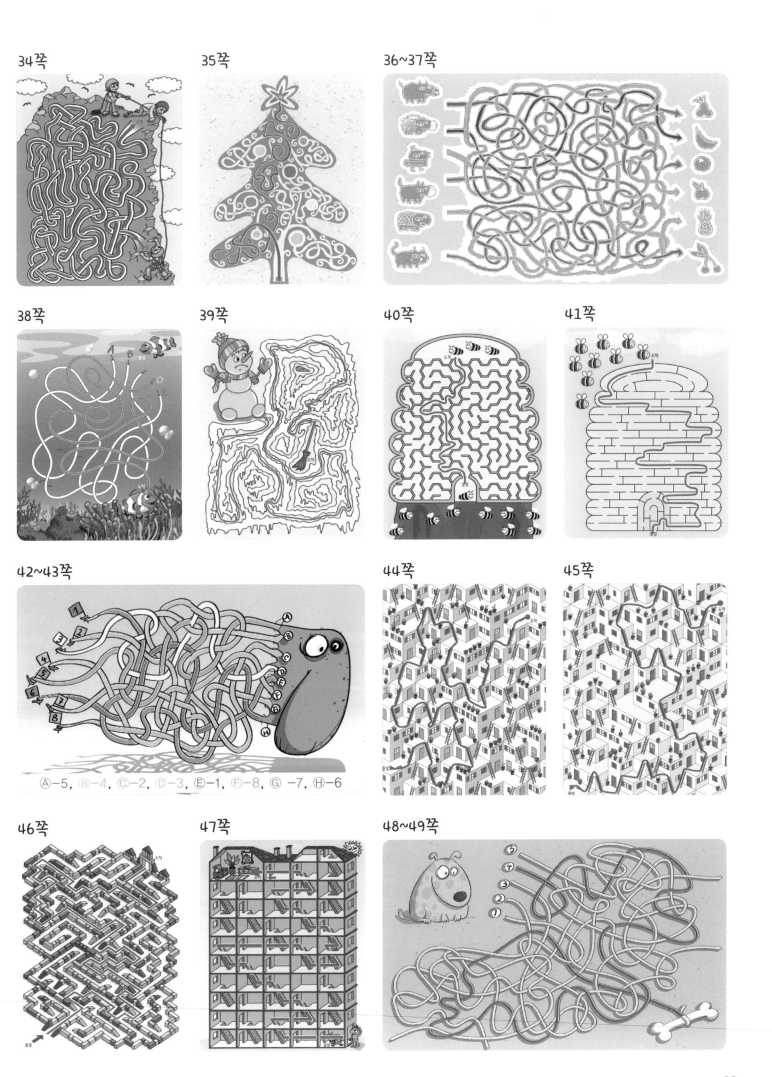

34쪽

35쪽

36~37쪽

38쪽

39쪽

40쪽

41쪽

42~43쪽

Ⓐ-5, Ⓑ-4, Ⓒ-2, Ⓓ-3, Ⓔ-1, Ⓕ-8, Ⓖ -7, Ⓗ-6

44쪽

45쪽

46쪽

47쪽

48~49쪽

93

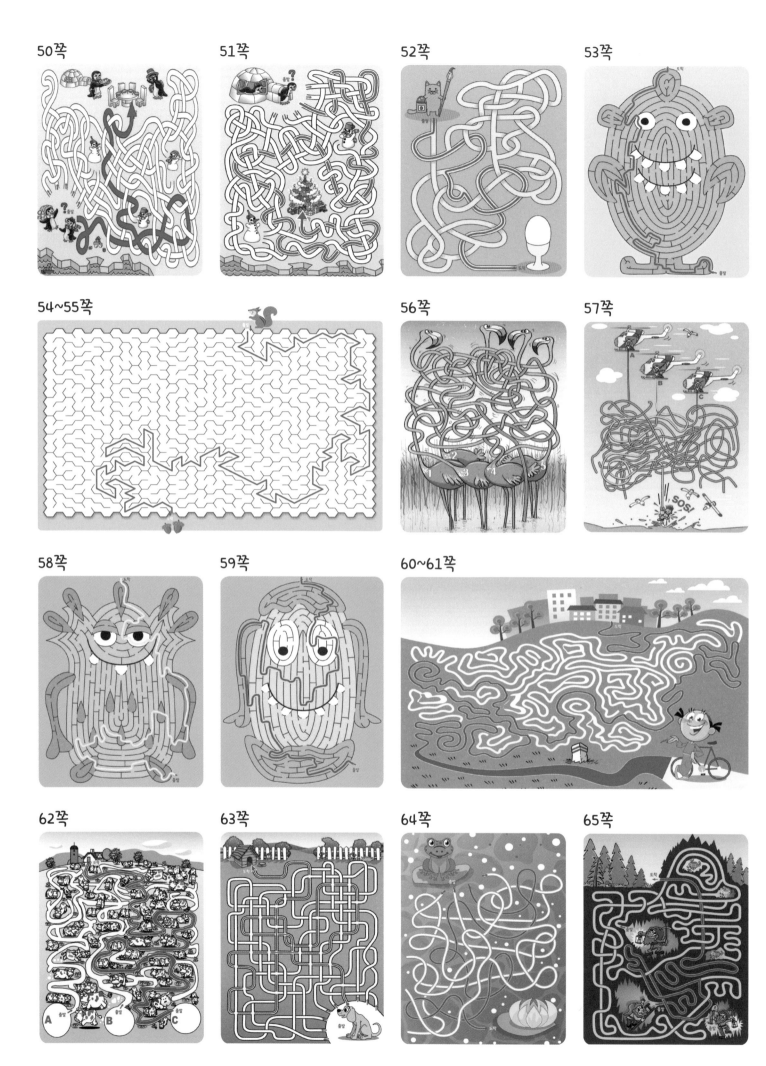

50쪽

51쪽

52쪽

53쪽

54~55쪽

56쪽

57쪽

58쪽

59쪽

60~61쪽

62쪽

63쪽

64쪽

65쪽

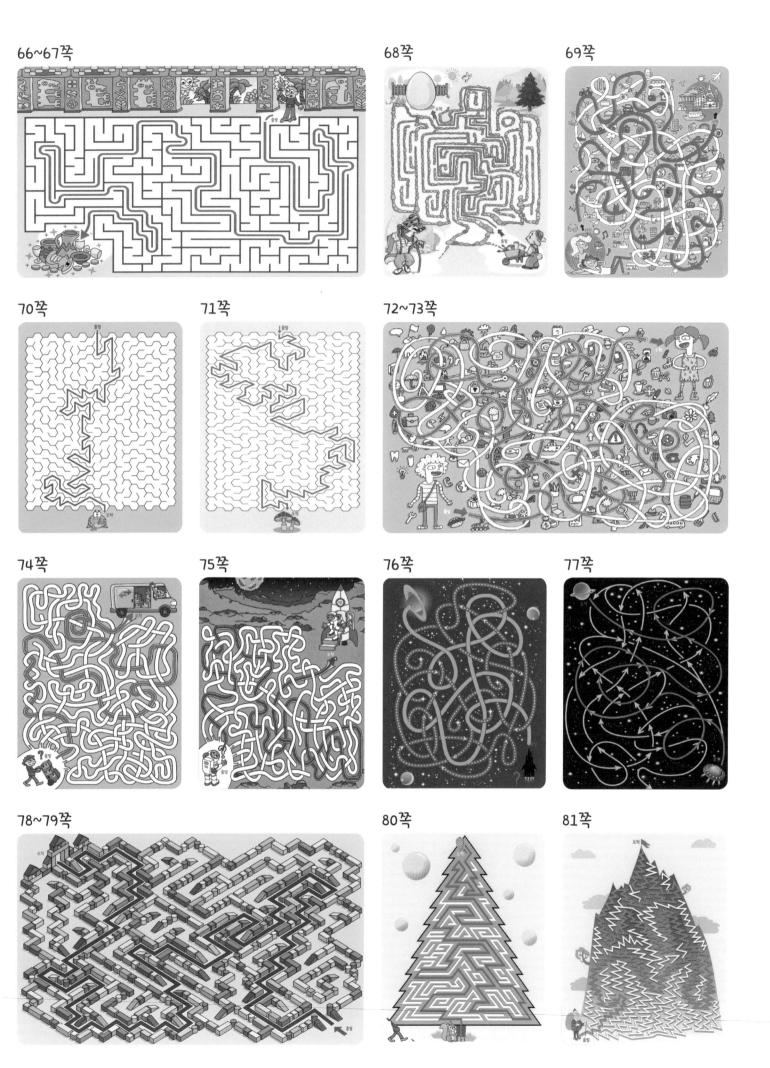

66~67쪽

68쪽

69쪽

70쪽

71쪽

72~73쪽

74쪽

75쪽

76쪽

77쪽

78~79쪽

80쪽

81쪽

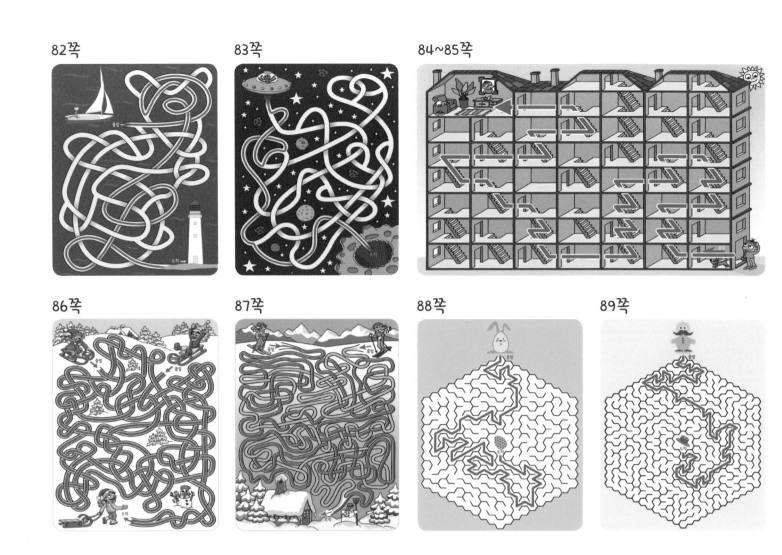

82쪽

83쪽

84~85쪽

86쪽

87쪽

88쪽

89쪽

어디로 갈까?
복잡한 그림 속에서
길을 찾아보세요.
다양한 미로찾기에
도전!